AF227038

RÉFLEXIONS

SUR LE PROJET

DE REMBOURSEMENT

DE LA

DETTE PUBLIQUE.

Par M. G**

Auteur de l'ouvrage intitulé :

Mémoire et propositions sur la comptabilité générale
des finances du royaume.

PARIS,

DE L'IMPRIMERIE DE FIRMIN DIDOT,

IMPRIMEUR DU ROI, RUE JACOB, N° 24.

1824.

Ces réflexions nous ont été suggérées par la lecture d'un article extrait du *Moniteur* et annexé au *Journal des Débats* du 27 mars, et du discours de présentation à la Chambre des députés du projet de loi relatif au remboursement de la dette publique.

Dans une campagne à cent lieues du théâtre des affaires publiques, nous ignorons pleinement ce qui se fait, ce qui se dit dans la capitale. Précédé sans doute par des écrivains plus exercés, nous n'avons probablement pas émis une idée nouvelle pour éclairer la discussion; cependant, fort de nos intentions, qui, nous aimons à le croire, ne seront accusées par personne, nous cédons à la velléité d'envoyer ce factum subir son sort à Paris.

RÉFLEXIONS

SUR LE PROJET DE REMBOURSEMENT

DE LA DETTE PUBLIQUE.

> Patience et longueur de temps,
> Font plus que force ni que rage.
> **LA FONTAINE.**

Les résultats brillants obtenus par M. le ministre des finances dans l'espace de deux ans, et malgré les embarras et les charges d'une guerre étrangère, sont bien propres à combler les vœux de l'amour-propre le plus difficile et le mieux entendu, celui dont les succès sont liés à l'intérêt général et au bien public.

Cette noble satisfaction devrait-elle s'accroître encore, si le même ministre pouvait ajouter : J'ai diminué les charges de l'État, en réduisant l'intérêt de la dette publique ? Telle est la grande question maintenant soumise aux chambres et à l'opinion publique. Nous allons l'examiner sous le double point de vue de justice et d'utilité.

Nous attachant d'abord au principe d'équité, nous ne pouvons dissimuler la surprise que nous avons éprouvée en lisant, dans le discours de présentation du projet de loi, que le gouvernement pouvait et devait profiter de l'exaltation produite par une *fièvre transitoire, par une manie temporaire*, et qu'il devait surtout saisir le moment où ces dispositions passagères *étaient dans toute leur force*, pour en tirer tout le parti possible. Nous avions toujours pensé *qu'en bonne règle* la seule affaire à traiter avec des fiévreux et des maniaques était celle de leur guérison, et qu'il était encore moins juste de rendre les paisibles voisins victimes de l'exagération de ces premiers.

Mais, abordant la question plus directement, nous croyons que le projet n'est pas conforme à la morale publique, parce qu'il nous paraît s'écarter des clauses et conditions prévues entre les parties contractantes, lors de la création des rentes.

Nous savons que l'objection a été prévue par les défenseurs du projet. Ils ne nient pas qu'*au moment des emprunts, ni le gouvernement, ni les particuliers n'ont songé que les rentes créées seraient un jour remboursées autrement que par rachats au cours; que les prêteurs ont cru fournir des capitaux en échange de rentes fixes exemptes de toute variation et réduction, et n'être inscrits au grand-livre que pour des rentes perpétuelles, et non pour des capitaux.*

Ils répondent d'abord que le capital est constaté, puisque les titres sont des *cinq pour cent. A quoi bon*, disent-ils, *énoncer ce capital, si ce n'est pour faire reconnaître qu'il est remboursable ?*

C'est ici véritablement abuser des mots. Dès qu'on ne voulait pas rappeler le taux réel auquel on avait emprunté, il fallait bien adopter une expression, une mesure générale applicable à tous les emprunts, quel que fût leur taux, quelle que fût la proportion suivant laquelle on délivrait en échange plus ou moins de 5 p. %, qui, par le fait, n'étaient qu'une monnaie de convention. Il nous paraît constant que, si on n'avait pas voulu renoncer à la faculté de rembourser, on aurait simplement délivré des titres rappelant le capital effectivement versé au trésor, et l'intérêt y attaché, avec réserve de rembourser à volonté ou à époques fixes. Cela, peut-être, eût mieux valu ; personne n'aurait eu le droit de se plaindre, lors du remboursement, qui n'eût été autre chose que l'exacte restitution du prêt : mais il n'en a pas été ainsi, et les actes sont obligatoires pour ceux qui les font. Ce serait réellement construire sur la pointe d'une aiguille, que de vouloir baser une opération aussi colossale sur l'interprétation donnée à un mot, en opposition avec l'esprit des contrats.

Les défenseurs s'appuient ensuite, d'une part, sur les anciens édits royaux portant création d'emprunts, lesquels réservaient *à toujours* la faculté de rembourser; d'autre part, sur le droit commun, et notamment sur l'article 1911 du Code civil ainsi conçu : *La rente constituée en perpétuel est essentiellement rachetable.*

Ce n'était donc pas en vertu du droit commun, mais bien aux termes des édits royaux, autrement dire, de lois spéciales, que l'on remboursait les anciens emprunts ; or, les lois sur lesquelles est fondée la dette publique actuelle ne portent pas la même réserve que les édits : donc les opérations ne sont pas de même nature; donc on ne peut conclure de l'une à l'autre. On doit d'autant moins les assimiler, qu'on a créé, pour les emprunts modernes, un mode d'extinction qui n'existait pas autrefois.

Si nous en venons au droit commun, sans doute on aime à voir le gouvernement, dans les rapports des particuliers avec ses agents, se dépouiller de sa puissance, et venir se mettre devant les juges ordinaires à la portée des simples citoyens ; mais cette marche n'est pas applicable aux grands actes d'administration publique, dont l'exécution est toujours régie par le texte même de ces actes, ou par les lois spéciales qui s'y rapportent.

Certainement les auteurs du Code civil n'ont eu en vue, dans leur travail, que les intérêts respectifs des particuliers : certainement encore il n'est entré dans la pensée, ni des jurisconsultes qui ont rédigé l'article 1911, ni des ministres qui l'ont proposé, ni des législateurs qui l'ont adopté, d'en faire une règle de conduite applicable au remboursement de la dette publique.

Lorsque le gouvernement rentre dans le droit commun, pour se soumettre aux décisions de juges inamovibles ou indépendants, c'est pour l'avantage des particuliers avec lesquels il se trouve en opposition d'intérêts, et non pas pour faire consacrer des dispositions qui n'ont jamais été prévues par les législateurs, et pour s'en prévaloir contre ses adversaires. L'intention a été de faire abstraction de sa force et de sa prépondérance, et non d'y ajouter, comme on veut le faire aujourd'hui. A aucune époque, d'ailleurs, les créanciers de l'État n'ont été admis à invoquer le droit commun pour se soustraire aux mesures rigoureuses, injustes et vexatoires, qui furent souvent prises contre eux. Comment donc aujourd'hui voudrait-on le faire intervenir pour la première fois, mais à leur détriment !

Un particulier peut bien se prévaloir du silence de la loi, pour défendre des actes non avoués par la morale. Il peut dire au juge : *Ce que la loi ne défend pas est permis, ou du moins toléré.* Mais aucun homme sensé ne voudra réclamer pareille faculté en faveur du gouvernement, qui doit d'autant moins s'écarter des règles de la stricte équité, qu'il est plus fort.

Ainsi, de ce qu'*aucune loi ne prohibe le remboursement des rentes dues par l'Etat,* on ne peut en conclure que le remboursement est juste.

Non sans doute, la loi ne prohibe pas *formellement* ce remboursement ; mais il nous paraît constant qu'elle y renonce *implicitement.*

En effet, il y avait à choisir entre deux modes d'extinction : celui par voie de remboursement, celui par voie de rachats au cours ou d'amortissement. C'est à ce dernier qu'on a donné la préférence. Il n'a nullement été question du premier ; la loi n'y fait aucune allusion, ni directe, ni indirecte ; et certainement dans l'intention primitive, l'adoption de l'un était exclusive de l'autre.

Ni les prêteurs, ni les possesseurs successifs, n'ont donc fait entrer dans leurs combinaisons le remboursement proprement dit ; ils n'ont dû, ni pu le prévoir ; on ne peut donc le leur imposer contre leur gré, sans faire un acte de violence contraire à l'esprit de la loi.

Mais, dira-t-on, les rentiers sont libres de ne pas accepter le remboursement. Oui, mais à quelle condition ? A celle de voir réduire leur revenu d'un cinquième. Ainsi tous les hommes industrieux des villes, qui ont renoncé dans leurs vieux jours à leur genre d'exploitation pour vivre du produit de leurs économies, et qui se croyaient incommutables possesseurs d'une rente de 1,000 ou de 1,500 francs (il y en a beaucoup de cette classe), vont se trouver réduits à 800 ou à 1,200 f. Cependant, ils sont incapables de rentrer dans les affaires, et ne pourront subsister qu'en s'imposant des privations, contre lesquelles ils se croyaient à toujours garantis.

Ils accepteront la conversion de 5 en 4 p. %, parce qu'ils ne sauraient que faire de leur capital ; parce que peut-être ils n'en tireraient pas 4 p. % en immeubles ; parce que, plus probablement encore, ils ne trouveraient pas d'immeubles à acheter ; parce que, ce serait un autre mode d'existence ; parce qu'à leur âge on ne contracte pas de nouvelles habitudes.

Ils accepteront donc, nous le répétons, mais

ils accepteront comme contraints; et dans leur *for intérieur*, ils protesteront.

‘ En définitive, quel est l'effet immédiat et nécessaire du projet ? de réduire de 28 millions au moins le revenu des rentiers. Eh bien ! si l'on y tient absolument, pourquoi se donner tant de peine ? Pourquoi chercher des moyens compliqués, qui vont encore ajouter de nouveaux millions à la fortune de quelques millionnaires étrangers ou nationaux ? Que ne va-t-on directement au but ? Que ne prononce-t-on que les rentes sont imposables à raison de 20 pour %, ou, ce qui est encore rigoureusement identique, que l'intérêt est réduit de 5 à 4 pour % ?

Je vois reculer devant cette proposition. Le produit d'un prêt, me dira-t-on, n'est pas imposable : réduire la rente, *c'est suivre l'exemple de l'abbé Teray, c'est faire une banqueroute partielle*, et la loyauté française en est incapable.

Eh bien, renoncez donc au projet en question, si vous ne voulez pas vous exposer à une comparaison injurieuse, malgré la différence que l'on doit établir entre l'erreur et la mauvaise foi.

Oui, encore une fois, tous les petits rentiers, ceux qui doivent au plus haut degré exciter la bienveillance et l'intérêt du gouvernement, subiront la loi de la réduction; nous venons d'en exposer les motifs : mais c'est par le fait des auteurs du projet, qu'ils seront placés dans cette nécessité ; ils ne discuteront pas sur l'emploi des mots, et ils ne les accuseront pas moins sévèrement, que si l'on avait directement réduit ou imposé la rente à raison de 20 pour %. Ils diront, ils soutiendront qu'on ne s'acquitte pas entièrement avec eux, puisqu'on ne leur donne pas de quoi se procurer un revenu égal à celui sur lequel ils devaient compter, et qui leur était légitimement acquis. Ils démontreront qu'il n'y a aucune assimilation possible entre des remboursements isolés faits de particulier à particulier aux termes de l'article 1911, et une opération financière pareille à celle dont on s'occupe ; que les premiers ne peuvent jamais influer sur le taux des diverses espèces de placement ; qu'ainsi rien ne s'oppose à ce que le capital remboursé produise à son propriétaire, par un autre emploi, une rente égale à celle qu'il rapportait précédemment ; tandis que la deuxième a précisément pour objet de réduire à 4 la rente d'un capital qui produisait 5, et pour effet, par conséquent, de mettre les rentiers remboursés dans l'impossibilité de conserver l'aisance dont ils jouissaient. Ils rappelleront que c'est après de mûres réflexions, après des délibérations solennelles, que l'on a voté des emprunts *amortis-*

sables par voie de *rachats au cours;* que ce mode est en effet et incontestablement reconnu pour le plus avantageux à l'État et aux parti-culiers ; que *son caractère essentiel est de laisser au gouvernement la faculté de se libérer succes-sivement, en conservant au prêteur ou porteur d'inscription celle de n'être remboursé que quand il veut, au jour et à l'heure qui lui conviennent, sauf à courir les chances des variations du cours.*

Ils en concluront que l'on dénature les em-prunts, que l'on méconnaît les engagements, lorsqu'on les force à recevoir leur rembourse-ment à une époque qui n'est pas de leur choix.

Que si l'on ne pouvait contester le principe invoqué par les défenseurs du projet, que l'on peut rembourser, en *principe d'équité*, parce que la loi ne le défend pas, *pourquoi prendre tant de précautions contre les remboursements à venir ? Pourquoi faire encore une opération fictive ? Pourquoi constituer 4 fr. de rente au capital de* 133 *fr.* 33 *c., au lieu du capital de* 100 *fr. ?*

Parce qu'il faut garantir les porteurs des nou-velles inscriptions contre la crainte de voir en-core réduire leur revenu à 3 ½ ou à 3 pour %, dans le cas où les 4 pour % viendraient à dé-passer le pair.

Mais si ce serait faire un acte inconvenant, ou commettre une injustice, que de contraindre, dans cette hypothèse, les rentiers à 4 pour % de recevoir leur remboursement, il n'est ni moins inconvenant, ni moins injuste, de rembourser aujourd'hui forcément les rentiers à 5 pour %, ou de réduire leur revenu.

Tous les raisonnements propres à justifier les remboursements des 5 pour % sont rigoureusement applicables au remboursement éventuel des 4 pour %, contre lequel on veut cependant rassurer.

Nous ne saurions trop le dire aux auteurs du projet; ils peuvent se dissimuler, mais ils ne peuvent déguiser l'injustice. Elle se manifeste par les efforts même qu'ils font pour y soustraire les divers établissements publics propriétaires de rentes. Mais nous ne connaissons pas deux espèces de justice. Ce qui est juste pour des établissements l'est également pour des particuliers. Il y a plus; s'il y avait distinction à faire, les particuliers nous paraîtraient dans une catégorie plus favorable; car certainement, dans l'ensemble, ceux qui seront porteurs de rentes à l'époque du remboursement auront payé beaucoup plus cher que les établissements, qui, n'ayant jamais revendu, sont encore propriétaires des inscriptions aux cours les plus bas.

Mais, dira-t-on, le gouvernement est tuteur de ces établissements, et c'est à lui, en cette qua_ lité , à pourvoir à l'insuffisance de leurs revenus.

Cette objection n'est bonne que pour les établissements *dotés* par l'État.

Quant aux autres établissements, le gouvernement en est le tuteur, il est vrai; mais un tuteur est chargé de la conservation des intérêts du mineur, et non pas de pourvoir de ses propres deniers aux besoins de son pupille. Le mineur est passible des effets de toutes les lois rendues ou à rendre, comme s'il était majeur ou indépendant; le tuteur n'est là que pour l'empêcher de faire un mauvais emploi de sa fortune, tant qu'il n'a pas la capacité nécessaire ou légale pour en disposer.

Aussi le gouvernement ne fait-il pas de fonds pour les hospices, les communes, les monts-de-piété, etc. Ce sont des établissements locaux, aux besoins desquels il est pourvu par des ressources locales, et dont un certain nombre peut-être serait plus en état de supporter une perte ou une réduction de revenu, que beaucoup de particuliers menacés par le projet.

Nous ne parlerons pas de la caisse d'amortissement, dont nous nous occuperons en traitant la question d'utilité.

Au surplus nous sommes loin d'exprimer un vœu, pour qu'on réduise les rentes des établissements publics; car nous croyons juste de toute justice de maintenir léur revenu dans leur intégrité; mais nous le croyons également juste pour tous les rentiers individuels de toutes les classes. Nous disons *de toutes les classes*, car faire une exception en faveur des porteurs d'inscriptions de telle ou telle somme, ce serait consacrer l'injustice envers les autres.

On insiste en disant que *le gouvernement doit justice aux contribuables qui payent, comme aux créanciers qui réclament; qu'il n'est pas juste d'imposer aux premiers un intérêt de 5 pour °/₀, lorsqu'on trouve de nouveaux prêteurs à 4 p. °/₀. Qu'entre particuliers, un prêteur n'a droit qu'à la restitution du capital déboursé, qu'ici au contraire le gouvernement n'a reçu que de 50 à 88 pour °/₀ fr., suivant les époques des emprunts, et qu'il en est résulté des bénéfices énormes au profit des créanciers.*

A cela nous répondrons : 1° que la justice due aux contribuables ne doit pas nuire à celle due aux créanciers ; 2° que les créanciers d'aujourd'hui ne sont plus les prêteurs primitifs, qui ont fait les bénéfices auxquels on fait allusion; 3° que si l'on voulait se prévaloir du taux auquel les emprunts ont été faits pour justifier un remboursement quelconque, on ne pourrait plus mettre sur la même ligne les prêteurs à 50 fr. pour 5 fr. de rente et les prêteurs à 88 fr. ;

4° et enfin que cette distinction est impossible et contraire à l'intention du législateur.

Nous croyons devoir insister sur ce dernier point. En effet, la loi n'a voulu reconnaître que des inscriptions d'une seule espèce ; elle a su gré aux premiers prêteurs, qui, dans des circonstances difficiles, sont venus au secours de l'État, quoiqu'en exigeant un haut intérêt, comme il arrive toujours vis-à-vis des emprunteurs embarrassés ; elle n'a voulu conserver que la trace du service, sans que l'on pût se rappeler le prix qui y avait été mis, et dans cette vue, elle a assimilé, elle a confondu les rentes de toutes les origines, y compris le *tiers consolidé*, et les a, par conséquent, fait participer à la nature de cette dernière espèce de fonds.

Il ne peut donc plus être question de rappeler le taux des emprunts successifs ; on ne connaît plus que des porteurs d'inscriptions de même nature, de même valeur, et l'engagement est au moins aussi sacré envers ces porteurs, que s'ils étaient les prêteurs primitifs.

C'est pour préserver les contribuables de plus grands désastres, que leurs mandataires ont créé toutes ces rentes ; il ne reste plus qu'à tenir la foi jurée, en payant la rente en échange de laquelle les capitaux ont été versés au Trésor.

Voilà ce que nous semble exiger l'équité que

l'on invoque, et c'est surtout dans l'état prospère de nos finances, qu'il n'est pas permis de dire qu'on est injuste envers les contribuables, en remplissant des engagements contractés en leur nom et au mieux de leurs intérêts.

PASSANT à la considération de l'utilité, nous devons observer d'abord, qu'en matière de crédit public ce qui n'est pas juste n'est jamais utile; mais nous voulons une démonstration plus directe.

On propose de diminuer les charges de l'État. Loin de nous l'idée de repousser un projet aussi louable; aussi n'accusons-nous que le mode.

Nous croyons que l'on peut fort bien arriver au but, en conciliant l'intérêt des contribuables et celui des rentiers.

Les défenseurs du projet le connaissent, ce moyen; et ils s'en sont en quelque sorte emparés d'avance, pour rester maîtres du terrain; mais, ou ils se font illusion, ou ils le dénaturent, afin de le combattre plus facilement.

Ils s'élèvent d'abord contre ceux de leurs adversaires qui proposeraient de suspendre ou de supprimer l'amortissement, afin de faire de suite une économie de 73 millions. Ils ne manquent pas d'excellentes raison, pour détruire cette objection, et ils les accumulent.

Et nous aussi, nous voulons maintenir la caisse d'amortissement. Nul doute que ce ne soit la base la plus solide du crédit public; nul doute que son action constante, uniforme, exempte de tout caprice, de toute saccade, n'ait contribué pour beaucoup à élever le cours des rentes; nul doute encore qu'elle ne produise constamment sur la hausse des effets proportionnés à l'étendue de ses moyens.

Mais nous ne croyons pas *qu'elle doive à toujours opérer avec sa dotation réunie à la totalité des rentes rachetées.* En effet, qu'arriverait-il dans cette hypothèse? Que les détenteurs élèveraient de jour en jour leurs prétentions, en mettant aux rentes un prix véritablement intolérable. Que le type de la rente soit à 5, à 4 ou à 3 pour %, cette exagération serait inévitable. Il faudra donc, ne fût-ce que pour ce motif, en venir plus tôt ou plus tard à limiter l'action de la caisse d'amortissement, à éteindre une partie des rentes qui seront entre ses mains.

Mais il est une autre cause non moins prépondérante, qui commandera l'emploi de cette mesure.

Supposons pour un moment que la caisse d'amortissement ne cesse d'agir avec sa dotation et les rentes successivement rachetées, jusqu'à extinction totale de la dette publique; qu'en résulterat-il ? Il faudra jusqu'à cette époque continuer d'imposer aux contribuables 237 millions, pour couvrir la dotation de 40 millions et servir les 197 millions de rentes; et un beau jour, le ministère viendrait déclarer que la dette est rachetée, et que les besoins de l'État sont diminués de 237 millions.

C'est dans 25 ans qu'il y aurait lieu de faire une pareille déclaration, et dans 20 ans si l'on renonçait à racheter les rentes appartenant aux établissements publics autres que la caisse d'amortissement.

Nous ne présumons pas que personne se présente pour défendre un pareil système. D'abord nous pensons que le bien même doit se faire graduellement. Il ne serait peut-être pas sans inconvénient de prononcer subitement un dégrèvement de près de 240 millions, et nous avons la ferme conviction que le même dégrèvement produirait des effets plus favorables, s'il était successivement réparti entre plusieurs époques, sauf à arriver plus tard au terme de l'opération. Cela serait d'ailleurs beaucoup plus juste.

En effet, pourquoi a-t-on fait de emprunts *amortissables* par voie de rachats successifs ? C'est pour répartir entre un certain nombre d'années, entre deux ou trois générations, des charges qui eussent été trop lourdes pour une seule année, pour une seule génération; c'est

parce qu'il est juste de faire participer aux dé-
penses les générations sur lesquelles auraient indirectement pesé les calamités que l'on a voulu
prévenir en faisant des emprunts.

Plus le fardeau est partagé, plus il est facile à
supporter. Il est donc convenable de le diviser
entre un nombre d'années proportionné à sa
masse.

Les contribuables payant les charges des premières années sont présumés être ceux qui auraient le plus souffert des désastres auxquels on
a voulu se soustraire ; donc il est dans l'ordre
qu'ils soient les plus grevés ; mais ensuite il est
aussi convenable de voir successivement réduire
la contribution imposée aux autres années.

Il n'y a certainement pas de motif pour que
les contribuables de 1844, par exemple, paient,
comme ceux de 1824, 237 millions d'impositions, pour raison des événements de 1815 et
années antérieures, et que les contribuables de
1845 ne paient absolument rien. Il y aurait ri-
gueur excessive envers les uns, et faveur ex-
trême envers les autres. Nous nous abusons
peut-être ; mais cela nous paraît frappant d'évi-
dence.

Nous le répétons donc : plus tôt ou plus tard
il faudra réduire les moyens de rachat entre les
mains de la caisse d'amortissement ; et si, comme

on l'annonce, nous sommes arrivés à une époque où l'on doit craindre que l'amortissement
ne devienne trop onéreux, pourquoi ne pas
commencer dès à présent?

Mais le ministre voit, dans un acte qui ten-
drait à modifier les moyens d'amortissement, *la
spoliation de cette caisse, la violation des engagements envers les prêteurs ou leurs ayant-cause.
La chute du crédit public, la baisse des rentes,
la perte pour les rentiers d'une portion de leur
capital, lorsqu'ils viendront à réaliser, perte qui
leur serait plus préjudiciable que celle du cinquième de leur revenu; enfin Son Excellence en
fait résulter l'impossibilité de faire, à des conditions raisonnables, de nouveaux emprunts, s'il en
était besoin.*

Voilà donc trois intérêts à considérer : celui
de la *caisse d'amortissement*, celui des *rentiers*,
celui du *crédit public*.

Est-il question de la *caisse d'amortissement?*
Mais cette caisse n'est qu'un instrument; elle
n'a d'autre intérêt que l'intérêt général, sa richesse doit être proportionnée à ses besoins;
elle ne serait spoliée qu'autant qu'on lui enle-
verait les ressources nécessaires pour exercer
son heureuse influence; or, nous ne voulons la
priver que des rentes surabondantes, de celles
dont l'emploi produirait l'effet même qu'on re-

doute aujourd'hui, c'est-à-dire, une hausse excessive ; nous voulons assurer, régler son action, mais nullement la neutraliser par voie de spoliation.

Il peut y avoir division sur la loi de réduction ; sur l'époque à laquelle on commencerait à l'appliquer ; mais comme nous laissons le champ libre pour cette discussion, comme nous nous bornons à établir et à faire reconnaître un principe, nous pouvons considérer la caisse d'amortissement comme assurée de conserver tel degré d'énergie qu'on voudra lui donner.

Parlerons-nous des *rentiers ?* Nous sommes loin de croire qu'ils envisagent la chose du même œil que le ministre. Supposons en effet qu'on pût les réunir et leur soumettre cette double question :

Lequel préférez-vous, ou de voir réduire votre intérêt à 4 pour %, en laissant jouir la caisse d'amortissement de tous les rachats, de manière qu'elle puisse s'approprier toute la dette publique mobilière en 20 ans ; ou de conserver votre intérêt de 5 pour %, sauf à voir effectuer des extinctions successives, de manière que l'extinction totale n'ait lieu qu'en 30 ans, par exemple.

Il y aurait certainement unanimité, ou du moins majorité prodigieuse pour la deuxième partie de l'alternative. Les rentiers ne conce-

vront jamais qu'une rente bien solidement constituée de 5 pour $\%$ représente sur la place un
capital moindre qu'une rente à 4 pour $\%$, par
la seule raison qu'il faudrait quelques années
de plus pour racheter la première dette, que la
deuxième. Il serait au surplus un moyen facile
de s'assurer de leur opinion ; ce serait de les in-
viter à faire parvenir leur vœu à cet égard, dans
un délai donné, à tel fonctionnaire ou tel bu-
reau désigné, comme il faudra le faire, dans
l'hypothèse de la loi présentée, pour connaître
ceux qui consentiront à la réduction. Que l'on
en coure la chance, et nous ne doutons pas du
résultat : nous croyons donc encore pouvoir mettre les rentiers hors ligne.

Reste le *crédit public*. Mais si les prêteurs sont
satisfaits, si, comme nous le voulons, la caisse
d'amortissement subsiste avec une riche dotation, avec une forte organisation, quelle atteinte
le crédit public peut-il recevoir ? *Vous prévoyez
de nouveaux emprunts :* mais est-il croyable que
des prêteurs, si l'on était obligé d'en chercher
encore, redoutassent plus de voir éteindre successivement les rentes et diminuer d'autant les
charges des contribuables, que de voir réduire
l'intérêt promis, en consacrant la doctrine que les
contributions nécessaires pour acquitter, même
l'intérêt réduit, seront maintenues jusqu'à l'ex-

tinction totale de la dette, et que, de plus, il faudra les accroître pour couvrir les intérêts des nouveaux emprunts? Non; cette dernière perspective serait incontestablement plus décourageante, plus nuisible au crédit public, que la première.

Quels sont en effet les appuis les plus solides du crédit public? C'est la religieuse observation des engagements, c'est la confiance qui en résulte. Or, qu'a-t-on promis aux prêteurs? un intérêt de 5 pour %, une caisse d'amortissement. Eh bien! payez l'intérêt de 5 pour %, maintenez la caisse d'amortissement, dotez-la assez richement pour qu'elle fasse des rachats journaliers, pour qu'on aperçoive l'époque de l'extinction de la dette publique; faites en sorte surtout que les contribuables ressentent les bienfaits de l'amortissement, par des extinctions partielles et successives, et les rentes se soutiendront à un taux suffisant pour satisfaire les rentiers qui voudront réaliser, et vous aurez plus fait pour le crédit public, qu'en réduisant la dette par une opération forcée, qui sera considérée, par les parties lésées au moins, comme une violation de la foi jurée.

Jamais vous n'avez promis une caisse d'amortissement qui dût constamment voir ses ressources s'accroître et s'élever jusqu'à un revenu annuel de 120, 150, 160 millions, et même plus. Jamais vous n'avez déclaré que l'on exigerait des contribuables des sommes égales à la totalité de la dette publique et de la dotation de la caisse d'amortissement, jusqu'à ce que vous pussiez leur faire remise du tout à la fois. Ces engagemens eussent été inutiles, imprudents, insensés même; c'est bien alors que la hausse serait excessive, que l'amortissement deviendrait onéreux, que vous retomberiez dans les inconvéniens que vous voulez éviter.

Il n'y a donc plus opposition d'intérêts entre les contribuables et les rentiers; il n'y a donc plus d'atteinte portée au crédit public; donc le projet n'est pas utile, au moins sous ce rapport.

Que si les défenseurs du projet persistent à repousser le moyen naturel qui se présente, de *laisser à chacun son revenu, en allégeant le poids des impositions*, on peut leur dire : Vous êtes donc las de prospérités? vous voulez donc appauvrir la France? appauvrir! c'est là le mot.

La fortune de l'État se compose de l'accumulation des fortunes particulières; et porter atteinte à celles-ci, c'est attaquer la première. Nous répondront-ils que ce qui sera payé de moins aux rentiers se trouvera entre les mains des contribuables, et que d'ailleurs ils n'appauvrissent personne, puisqu'ils rendent le capital auquel la rente est constituée? Mais, sur le premier point, nous voulons aussi réduire les charges des contribuables; c'est là une des conditions essentielles de notre système; ainsi la réponse est sans force contre nous. Sur le deuxième, ce ne sont pas les capitaux nominaux qui forment la fortune publique. Un million enfoui, un terre inculte, une manufacture inactive, ne peuvent être comptés parmi les richesses réelles d'un pays; et si on les fait valoir, ils ne compteront qu'à raison de leur produit. C'est donc au produit en revenu, à la rente, qu'il faut s'attacher pour supposer la richesse d'un particulier comme celle d'un pays; et puisque, sans soulager plus que nous les contribuables, vous diminuez forcément d'un cinquième le revenu des détenteurs actuels de 5 pour %, nous avons pleine raison de dire que vous les appauvrissez, que vous appauvrissez la France.

Il y a plus, il en résultera une autre perte plus directe encore pour l'État.

En effet, qui ne sait qu'une somme effective une fois versée dans la circulation, surtout par les consommations et les travaux effectués dans les villes qu'habitent généralement les rentiers, se multiplie dans le cours d'une année en passant de main en main, et occasione un mouvement d'affaires trois ou quatre fois plus considérable que la somme primitive ? Or, comme il n'est pas une consommation, une opération commerciale, une transaction qui ne soit directement ou indirectement passible de quelque prélèvement au profit de l'État, nous n'exagérons pas en disant que les 28 millions dont on veut priver les rentiers font peut-être entrer dans les caisses du Trésor 10 ou 12 millions, dont on sera privé par l'effet de la réduction. Ainsi sous ce rapport l'opération projetée, loin d'être utile, serait préjudiciable, non-seulement aux rentiers et à tous ceux dont l'industrie serait alimentée par la circulation de ces 28 millions, mais encore à la masse des contribuables auxquels il faudrait s'adresser pour combler le déficit que nous venons de signaler.

Mais, dit-on, *le projet n'a rien qui porte atteinte à la confiance, qui contrarie l'opinion publique, puisque, même depuis sa publication, le cours s'est soutenu au pair.* Qu'y a-t-il d'étonnant que la rente se maintienne à 100 fr., puisque vous annoncez que l'on va rembourser à ce taux ? Il n'est en effet personne qui consentît à la donner à moins. Aussi, loin que l'on remarque à la bourse de Paris les perturbations dont parlent nos adversaires, le cours n'a depuis long-temps été aussi peu variable, et c'est une conséquence naturelle de l'état des choses.

Nous demanderons d'ailleurs d'où viendront les fonds que l'on espère obtenir à 4 pour %, tous frais et avantages réservés aux prêteurs compris. De l'étranger sans doute en majeure partie; car nous, nous expliquerions difficilement comment les capitalistes français, dont on a eu peine dernièrement à obtenir 89 francs pour 5 fr. de rentes, consentiraient subitement à en donner 125, surtout pour des masses aussi considérables. Le cours s'est élevé, il est vrai; mais il n'a pas approché de ce dernier taux, et nous avons toujours vu que les emprunts se faisaient plutôt au-dessous qu'au-dessus du cours.

Ainsi comme d'après la manière formelle et authentique dont elle est annoncée, nous ne pouvons révoquer en doute la possibilité de l'opération, nous en concluons que la majeure partie de l'emprunt sera souscrite par l'étranger. Dans cette hypothèse, nous allons donc voir tout à coup refluer vers la France de nouveaux capitaux, à concurrence de *plusieurs centaines de millions, peut-être d'un ou deux milliards.* Qui peut prévoir l'effet qui en résultera? Cela n'influera-t-il pas en plus ou en moins sur le prix des denrées de première nécessité, sur le taux des salaires journaliers, sur les bénéfices des manufacturiers, sur la valeur des propriétés foncières, etc., etc.? On peut juger quelles dissertations nous pourrions faire ou plutôt répéter, si nous nous abandonnions à la fécondité d'un pareil sujet. Mais ce qui nous frappe dans tout ceci, c'est un changement brusque, c'est une surabondance subite.

Oui sans doute, l'agriculture, l'industrie sont encore loin d'être arrivées à leur terme de perfectionnement et de production ; oui, elles ont peut-être aujourd'hui, et elles auront encore besoin de capitaux ; mais elles ne doivent, elles ne peuvent les recevoir que successivement, et il serait bien plus heureux qu'elles n'obtinssent ces capitaux que du produit de leurs économies, dont elles n'ont pas à payer intérêt, que du refoulement de fonds provenant directement ou indirectement de l'étranger, qui, comme de raison, y met un prix.

Ce n'est pas en débarrassant nos voisins de millions ou de milliards dont ils ne savent que faire, et qu'ils aiment mieux placer chez nous à 4 pour %, qu'à 5 et à 6 chez les Péruviens, les Mexicains et les Colombiens, que vous favoriserez le commerce, l'industrie et l'agiculture. Les canaux propres à recevoir cette sève précieuse ne peuvent l'aspirer que lentement et successivement ; si elle arrive précipitamment et avec surabondance, les canaux s'engorgent bientôt, il y a embarras, ruptures, et les accidents se manifestent de toutes parts. Laissez au contraire l'agriculture, et l'industrie s'enrichir de leurs propres produits, de leurs économies; reversez sur elle chaque année les capitaux nationaux, en éteignant des rentes, en réduisant davantage les charges publiques, et c'est alors que vous mettrez à leur portée les germes d'une prospérité progressive et incalculable.

En pratique, en finances, en commerce, comme en mécanique et en physique, les chocs, les secousses violentes, les innovations imprévues n'ont de puissance que pour désorganiser, tandis que des efforts soutenus, mais lents et successifs, produisent des effets miraculeux.

Ne précipitons donc rien. *Nous étions mal, il y a quelques années; nous sommes bien maintenant; laissons agir les causes qui ont produit les améliorations dont nous jouissons, et nous ferons encore mieux; la sagesse du roi nous en est garant.*

Puisque nous sommes dans une bonne voie, gardons-nous de nous en écarter, et ne perdons pas de vue le véritable sens du proverbe : *le mieux est ennemi du bien.*

On nous oppose l'exemple de l'Angleterre.

Sans doute l'Angleterre est bonne à consulter; mais est-ce une raison pour l'imiter servilement? Sommes-nous dans la même position, dans les mêmes circonstances que l'Angleterre? Avons-nous une dette publique de 20 milliards? Avons-nous des capitaux surabondants entre les mains des particuliers? Nos rentes sont-elles réparties d'une manière analogue à celles de l'Angleterre? Avons-nous les mêmes mœurs privées, les mêmes mœurs publiques? L'Angleterre va-t-elle chercher des capitaux étrangers pour rembourser les 4 pour %? Est-ce par des emprunts extérieurs qu'elle a trouvé moyen de fournir à son agriculture, à son commerce, à son industrie, tous les fonds qu'ils réclamaient?

Nous n'en finirions pas, si nous voulions épuiser et traiter toutes ces questions; il nous suffit d'en énoncer quelques - unes, pour démontrer qu'une pareille citation ne prouve rien, qu'on n'en peut rien conclure.

On s'appuie enfin sur les inconvénients du haut intérêt que paie le gouvernement, intérêt que, suivant les uns, *il faut mettre plus en harmonie avec celui des autres transactions*, et qui, suivant les autres, *en faisant affluer les fonds des capitalistes vers ce genre de placement, en priverait l'agriculture et l'industrie, qui les réclament en vain, ou ne les obtiennent qu'à des conditions trop onéreuses.*

Pour répondre à la première objection, nous mettons de côté le sacrifice qu'il a fallu faire au malheur des temps, et nous prenons pour base le taux de l'inscription sur le grand-livre, c'est-à-dire, de 5 pour %; c'est là le véritable et seul point de départ.

Or, l'intérêt légal est de 5 pour %; c'est également à 5 pour % que l'on emprunte maintenant sur hypothèque dans les grandes villes; il y a donc une parité remarquable entre l'intérêt alloué ou stipulé dans ces circonstances, et l'intérêt de la dette publique, et c'est un état de choses dont, à notre avis, il y a plus à se féliciter qu'à se plaindre.

La Banque de France, il est vrai, escompte à 4 pour %. Il est sur la place certaines valeurs qui ne se livrent qu'au même taux; enfin les maisons du premier ordre trouvent également des fonds à 4 pour %.

Mais la Banque de France, qui paie en billets de confiance, peut faire une masse d'affaires égale à 2 ou 3 fois son capital effectif. Voilà comment, en escomptant à 4 pour %, et malgré ses frais d'administration, elle peut assurer à ses actionnaires, en dividendes et réserves, un bénéfice à peu près équivalent à celui que rapportent les fonds publics.

Cet état de choses fixe naturellement le cours des valeurs de tout repos qui seront toujours reçues à la Banque à 4 pour %. Quant aux placements à 4 pour % dans les premières maisons de banque, cela dépend du degré de confiance, du plus ou moins d'abondance des capitaux sur la place, et de la répugnance qu'ont certaines personnes à se charger d'effets susceptibles d'être affectés, dans leur valeur capitale, par les variations de la Bourse.

Nous ne nous occupons pas ici du rapport de la rente d'une propriété foncière avec son capital ; car, jamais on n'a dû l'assimiler à l'intérêt que doit rapporter une valeur variable, sur laquelle les moindres événements exercent leur influence.

Quant aux besoins de capitaux qu'éprouvent, suivant l'un des défenseurs du projet, l'agriculture et l'industrie, et aux conditions rigoureuses qu'on leur impose, nous répondrons, 1° que l'agriculture ne doit pas emprunter, sous peine de se ruiner, et que c'est par l'accumulation de ses économies, qu'elle doit accroître ses capitaux ; 2° que jamais en France on n'a dirigé tant de capitaux vers l'industrie ; qu'on peut en juger par les progrès immenses qu'elle a faits depuis quelques années, que l'impulsion est donnée, et qu'il n'est pas d'entreprise raisonnablement conçue, et dont la direction présente des garanties morales, qui ne trouve dans les capitalistes les secours et l'appui dont elle a besoin.

Nous tenons ces faits comme notoires, et nous croyons superflu de les démontrer.

Mais dans l'état actuel, on ne peut empêcher que des prêteurs à la petite semaine, que de véritables usuriers ne pressurent d'une manière révoltante de petits propriétaires obérés , de petits marchands n'ayant pas assez de consistance pour inspirer confiance aux maisons de banque, et qui n'ajournent leur chute qu'en accroissant leurs maux et le nombre de victimes qu'ils feront un peu plus tard.

Que les fonds publics soient à 6, à 5 ou à 4 pour %, cet état de choses ne changera pas; c'est ailleurs qu'il faut chercher le remède.

On ne peut donc encore une fois en déduire un motif d'utilité en faveur de la réduction directe ou indirecte de l'intérêt de la dette publique.

Nous avons plus haut démontré que le projet de loi n'était pas juste ; nous laissons à tirer la conclusion.

Eɴ terminant cependant nous allons jeter une idée, que nous soumettons aux lumières des hommes d'état appelés à la direction de nos affaires publiques.

Nous avons dit que pendant un certain nombre d'années il avait été indispensable de laisser la caisse d'amortissement appliquer toutes ses ressources au rachat des rentes, mais que, plus tôt ou plus tard, il faudrait restreindre l'énergie de son action, en la privant d'une partie des rentes qu'elle aurait rachetées ; et c'est par voie de radiation, que nous avons supposé qu'on opérerait. Mais nous serions d'avis de faire, jusqu'à concurrence d'une certaine somme, deux parts des rentes qu'on jugerait inutile de laisser à la disposition de la caisse d'amortissement ; l'une qui serait irrévocablement rayée du grand-livre ; l'autre qui serait mise en réserve pour les besoins extroardinaires.

En attendant la manifestation de ces besoins, on appliquerait les revenus de cette réserve à de grands travaux d'intérêt général et d'utilité publique, qui ne seraient pas rigoureusement urgents, et dont l'exécution pourrait éventuellement se ralentir sans inconvénients graves. Par ces travaux, nous entendons les grands canaux, les défrichements, la restauration des antiquités, les édifices publics proprement dits, et notamment à Paris le Louvre, l'Arc-de-Triomphe, et le Palais commencé pour les Affaires Étrangères.

S'il survenait un besoin extraordinaire, on remettrait en circulation, par voie de négociation, une portion quelconque de cette réserve, et les fonds appliqués aux travaux ci-dessus seraient réduits d'autant, jusqu'au moment où l'on reprendrait encore à la caisse d'amortissement une partie des rentes rachetées, et dont une moitié serait toujours appliquée à la réserve, et l'autre éteinte. Le partage cependant n'aurait lieu que jusqu'à ce qu'on fût arrivé au *maximum* de la réserve, après quoi tout ce qui ne serait plus nécessaire à l'amortissement tournerait au profit des extinctions.

Par ce moyen les charges publiques diminueraient successivement chaque fois qu'on enlèverait à la caisse d'amortissement une partie de ses rachats, et elles ne pourraient jamais s'accroître dans l'intervalle d'une réduction à l'autre. On n'en aurait pas moins des ressources préparées, soit pour subvenir aux frais d'une guerre, soit *pour fermer,* suivant les paroles émanées du trône, les dernières plaies de la révolution, soit pour telle autre dépense extraordinaire que comporteraient les circonstances, et notamment pour faire exécuter les grands travaux appelés par tous les vœux, et qui ajouteraient au luxe, à la grandeur et à la prospérité de la France.

Nous paraissons destinés à jouir d'une longue paix : durât-elle seulement huit ou dix ans, nous ne faisons pas de doute que la réserve en question ne pût être portée à 25 millions, et les extinctions définitives à pareille somme, en laissant à la caisse d'amortissement tous les moyens d'action nécessaires pour opérer sur une dette qui diminuerait de jour en jour.

Nous ne proposerions pas cependant de limiter cette réserve à 25 millions, et nous pensons qu'on pourrait la porter jusqu'à 40 ou 50 millions. La dette publique étant de 197 millions, indépendamment de la dotation de 40 millions, on aurait encore l'espoir fondé de voir successivement diminuer les charges actuelles de 187 millions, *sans qu'aucun événement pût faire revenir sur les réductions consommées.*

Assurément il est impossible de concevoir une situation financière à la fois plus brillante et plus solide. Peut-être nous accusera-t-on de faire un roman, mais du moins n'est-ce pas un roman noir, et doit-il être mis au rang de ceux qui peuvent récréer l'imagination.

FIN.